Anna Mancini

I0167166

LA CHIAROVEGGENZA

NEI SOGNI

Come e perché il futuro si vede nei sogni

Buenos Books International
www.buenosbooks.fr

ISBN: 978-2-36670-067-1

Casa editrice: Buenos Books International,
Parigi, Francia
www.buenosbooks.fr

Introduzione

Perché usare i sogni per conoscere il vostro futuro? Perché è il modo più facile, più accessibile e più sicuro per farlo. Grazie ai sogni, non c'è bisogno di avere un dono di veggenza. Basta dormire e sognare. Forse, come a tanta gente vi è già capitato di sognare degli eventi futuri? Ciò succede perché a volte il vostro subconscio decide da solo di comunicarvi delle informazioni sul vostro futuro prossimo o lontano e talvolta lo fa tramite dei sogni così chiari che non hanno neanche bisogno di essere interpretati. Ma usando le due semplici tecniche che spiego, in questo libro potrete chiedere in modo efficace al vostro subconscio di farvi vedere il vostro futuro quando lo volete voi.

La previsione del futuro è una delle funzioni più utili dei sogni. Ed è anche la funzione più banale del cervello addormentato. Da più di venticinque anni, osservo i collegamenti tra sogni e realtà, e così ho potuto rilevare che nei sogni il nostro cervello programma e organizza il nostro futuro. È una funzione naturale comune a tutti gli esseri umani. Insomma è un fenomeno normale che si produce ogni volta che ci addormentiamo. Non c'è niente di straordinario o di paranormale e dopo capirete perché. Quindi, tutti noi (eccetto le persone con gravi danni al cervello) possiamo conoscere il nostro futuro grazie ai sogni. Per quanto riguarda i veri veggenti, loro possono vedere il futuro poiché sono capaci di entrare in contatto con il loro subconscio mentre sono svegli. Ma sono rari questi veggenti. Invece, tutti noi possiamo fare lo stesso ma nel sonno dove il nostro subconscio comunica naturalmente con la nostra mente conscia tramite i sogni.

Grazie a questo libro:

-imparerete a cavarvela da soli per vedere il vostro futuro usando i vostri sogni;

- o imparerete a sfruttare meglio le vostre sedute da un veggente, poiché capirete come funziona la veggenza.

In questo libro, vi spiegherò due semplici tecniche per ottenere nei sogni delle informazioni sul vostro futuro quando le desiderate. Vi spiegherò anche ciò che rende queste tecniche più efficaci e ciò che le ostacola.

Ma vediamo adesso che cosa è la veggenza in generale, come funzionano i diversi tipi di veggenza e cosa fanno i diversi tipi di veggenti.

Capitolo 1: Le diverse categorie di veggenti

C'è una distinzione classica tra veggenti, medium e cartomanti: il medium è un messaggero tra i vivi e i morti; il cartomante si aiuta con degli strumenti; solamente il veggente può vedere direttamente il futuro in tutta autonomia.

Per tutti quelli che non hanno ancora verificato la realtà della veggenza vorrei raccontare adesso come mi sono interessata alla veggenza. Sono nata in Francia, è sono stata educata nelle sue scuole a sviluppare la razionalità cartesiana. Per molto tempo sono stata molto incredula rispetto alla veggenza e a tutte le capacità paranormali. Per fortuna, un incontro mi ha aperto altri orizzonti ed è così che mi sono messa ad esplorare questo universo, ma sempre con uno spirito critico e lontana dalle superstizioni. Il cartesianismo delle scuole francesi sebbene chiuda l'orizzonte di vita, permette di tenere i piedi per terra quando si studia nell'ambito del paranormale.

Il mio primo veggente l'ho incontrato per caso in un ristorante. Avevo una ventina d'anni ed ero studentessa alla facoltà di giurisprudenza di Lilla (nel nord della Francia). Andavo regolarmente a pranzare in un ristorante vegetariano nel mio quartiere. Il ristorante era molto piccolo, così piccolo che un giorno il proprietario mi chiese se ero d'accordo per accogliere alla mia tavola due persone appena arrivate. "Una di queste persone è un veggente", mi disse con un sorriso di soddisfazione. Nonostante la mia incredulità rispetto alla veggenza, avevo accettato di condividere la tavola con un ometto molto simpatico e un giovane della mia età che era su figlio. Dopo un po' quest'uomo che aveva una cinquantina di anni mi disse che era un veggente. Ed io, con tutta la franchezza dei miei venti anni le rispose che non credevo a queste stupidaggini.

Non si offeso, e non provò a convincermi. Invece mi diede il suo biglietto e m'invitò ad assistere alle sue sedute. "Potrà verificare da lei stessa che la veggenza è una realtà" mi disse. Avevo preso il biglietto e l'avevo messo in una tasca senza prestargli attenzione. Io ero davvero incredula rispetto alla veggenza e non avevo tempo da perdere con questo poiché era il momento di studiare per passare gli esami. Del resto, era l'ora di tornare all'università e lasciai queste due persone.

La sera, a casa, avevo parlato di questo incontro al mio compagno e le avevo mostrato il biglietto. Fui molto sorpresa del suo entusiasmo e della sua voglia di accompagnarmi alle sedute del veggente. Io non ne avevo nessuna voglia, ed è solo a causa della sua insistenza che infine feci una telefonata al veggente per partecipare ad una sua seduta pubblica. Ce n'era una prevista la successiva settimana. Le sedute si svolgevano di sera a casa del veggente, una casa isolata nel nulla lontano dalla città di Arras.

Dopo avere cercato molto, siamo finalmente arrivati davanti al portone del parco che circondava la bella casa del veggente. Molte macchine erano parcheggiate lì e quando siamo entrati nella casa, c'erano già una ventina di persone in un bel salotto con un camino, dove bruciava un fuoco molto piacevole.

Fummo accolti con una bevanda calda e biscotti e la seduta inizio subito. Le persone ponevano le loro domande e il veggente rispondeva immediatamente, così veloce che io pensai che stesse dicendo qualunque cosa le passasse per la testa. Dunque, io non feci nessuna domanda. Del resto a questa età avevo una mente così testarda. E siccome la mia mente aveva già organizzato tutta la mia vita, non avrei mai avuto l'idea di consultare un veggente per conoscere il mio futuro. Mi sembrava totalmente inutile, poiché pensavo che bastasse creare il mio futuro con la mia mente e realizzarlo con la mia volontà. Inoltre, io ci credevo tanto al bel futuro che la mia mente razionale mi aveva organizzato. Purtroppo questo futuro non si realizzò mai, nonostante tutti i miei sforzi e la mia fortissima volontà.

Invece, il mio compagno che era più aperto di me e aveva più insicurezza per il suo futuro professionale, fece qualche domanda al veggente per il suo lavoro e anche per avere notizie della sua defunta nonna. Ero infastidita nel vedere che aveva morso così facilmente all'amo e avevo voglia di dirgli: "Dai! Perché non chiedi chi sarà la tua prossima compagna?" Ma rimasi zitta. Del resto egli era un adulto libero di avere le sue credenze e di fare le sue scelte. Non vedevo l'ora di andarmene. Finalmente, la seduta si terminò e ce ne andammo. Per strada, le mie opinioni sulla veggenza cambiarono del tutto quando il mio compagno mi spiegò che tutti i dettagli che il veggente gli aveva dato sulla sua nonna e sulla sua infanzia erano veri. Aveva descritto precisamente la nonna, il suo modo di parlare, di vestirsi, i suoi gusti, la casa, e le sue abitudini. Aveva anche descritto in dettaglio la camera da letto da bambino del mio compagno, i suoi vestiti e giocattoli. Allora, tutto era vero? Come sapeva tutto ciò il veggente visto che non aveva mai incontrato il mio compagno?

C'era qualcosa del tutto fuori dalla mia visione razionale del mondo. Questo veggente non aveva fatto nessuna domanda al mio compagno e aveva potuto descrivere con tanti dettagli sua nonna e la sua infanzia. Dunque, egli diceva la verità quando rispondeva così rapidamente alle domande della gente rispetto ai loro defunti. Ero molto curiosa e dal quel momento, ebbi voglia di capire il fenomeno della veggenza che mi sembrava così strano.

Da quel momento, assistetti regolarmente alle sedute del veggente. Egli era molto generoso. Le sue sedute erano gratuite e anche i suoi insegnamenti sul mondo invisibile. Adesso non fa più sedute, ma fa sempre conferenze principalmente nel Nord della Francia. Nella vita quotidiana faceva il rappresentante di commercio e vendeva delle lame di sega. Il resto del tempo aiutava gratuitamente la gente con i suoi doni di veggenza e partecipava a gruppi di guarigione spirituale.

Grazie a lui ho incontrato molti atri veggenti che mi hanno aiutato nelle mie ricerche. (Per tutto questo lo ringrazio e avrò sempre gratitudine per tutto ciò che mi ha insegnato e per avermi permesso di sfuggire dalla prigione dello spirito materialista e ateo dell'educazione francese).

In quel momento della mia vita, la mia mente testarda prese un bel schiaffo che cambiò tutto il mio universo mentale. Grazie a questo ero cresciuta un po': sapevo ormai che la veggenza esisteva, che era possibile, che era una realtà. Avevo fatto la mia indagine col mio scetticismo cartesiano e i risultati erano stati positivi. Ma non sapevo ancora che cosa era la veggenza e perché solamente pochissime persone sembravano possedere questo dono. Volevo chiarire questi punti e per ciò mi misi a fare delle ricerche sull'argomento nelle librerie e nelle biblioteche (Ai tempi non c'era l'Internet). Tutto ciò mi fece concludere che esistono tre tipi di veggenti che descriverò nei dettagli in seguito:

-i veggenti che vedono direttamente da loro, in modo autonomo;

-i veggenti che sono aiutati da entità e che ne sono dipendenti;

-i veggenti che usano gli strumenti come bolle di cristallo, carte, rune, ecc.

1) I veggenti autonomi:

Quelli che fanno parte di questa categoria sono molti rari e a volta non usano le loro capacità per il pubblico. Sono ad esempio gli yoghi dell'India che hanno dedicato tutta la vita a sviluppare le loro capacità spirituali e hanno così attivato tutti loro chakra. La parola chakra proviene dal sanscrito ed è tradotta con "ruota" "disco" o "cerchio". Secondo le tradizioni dello yoga, ci sono sette chakra principali nel corpo e una moltitudine di chakra secondari. Sono tutti centri energetici del corpo umano.

Adesso, in Occidente, siamo inclini a ignorare l'aspetto energetico del corpo umano e anche quello del mondo. Invece, nelle antiche civiltà, specialmente: l'India, l'Egitto, la Cina, Roma, il lato energetico dell'esistenza fu sempre tenuto in conto. Perciò furono create delle arti e delle tecniche che risultano della conoscenza dell'energia corporale dell'uomo e dell'energia del cosmo. I cinesi crearono l'agopuntura, le arti marziali, il *chi kong*, il *feng shui*, gli indiani lo yoga e i romani crearono un sistema legale che all'inizio incorporava queste conoscenze della dimensione energetica del mondo.

Tutti noi abbiamo sette chakra principali situati lungo la colonna vertebrale.

-Il primo è il chakra sacro che si trova nella zona degli organi sessuali;

-Il secondo viene chiamato il chakra radice e si trova alla base della spina;

-Il terzo è quello del plesso solare;

-Il quarto chakra si trova nella zona del cuore;

-Il quinto al livello della gola;

-Il sesto chakra si trova sulla fronte ed è anche chiamato "terzo occhio", "centro ajna", o "occhio spirituale";

-Il settimo chakra è quello situato alla cima del cranio.

Grazie a certi esercizi e a uno stile di vita adattato, gli yogin fanno salire la *kundalini* lungo la spina fino al cranio. La *kundalini* è stata raffigurata con un serpente arrotolato alla base della spina. Quando questa forza si risveglia e sale fino al centro *ajna* (un punto sulla fronte entro gli occhi), ciò da la capacità di viaggiare nel tempo, cioè di conoscere il presente, il passato e il futuro. È così che le persone che sono riuscite ad attivare il centro *ajna*, hanno acquisito doni di chiaroveggenza.

Però tali doni non esistono solo in Oriente e non risultano sempre nella pratica dello yoga. Li troviamo anche sviluppati in Occidente dove certe persone hanno saputo superare la barriera della mente conscia, per mettersi all'ascolto del loro subconscio o di quello di altre persone e vedere il futuro.

Per esempio, in Italia, abbiamo il famoso veggente Gustavo Rol che viveva a Torino dove nacque il 20 giugno 1903 e morì il 22 settembre 1994. I suoi doni erano così straordinari che i grandi personaggi del suo tempo come Mussolini, Kennedy, de Gaulle andarono a Torino per consultarlo.

Gustavo Rol non si vantava di essere un fenomeno del paranormale o della parapsicologia. Diceva invece che i suoi esperimenti erano scientifici e che tutti gli esseri umani erano chiamati a sviluppare le stesse capacità.

Questa era anche l'opinione di Egdar Cayce che fu uno dei più grandi veggenti occidentali. Egli nacque negli Stati Uniti nelle 1877 dove morì nel 1945. Si sdraiava su un letto con le mani incrociate sul petto, e si metteva in uno stato di trance ipnotica auto indotta. In questo stato era capace di rispondere a tutte le domande che le faceva sua moglie sotto forma di suggerimenti ipnotici. La sua segretaria annotava in stenografia tutto ciò che diceva.

Oggi più di quattordicimila consulenze sono disponibili presso la A.R.E. (Association for Research and Enligthment) un'associazione senza scopo di lucro creata nel 1931 da Cayce negli Stati Uniti e che esiste ancora. Ecco il suo sito internet:

www.edgarcayce.org

Quando stava nello stato di autoipnosi, Edgar Cayce aveva accesso all'onniscienza del suo subconscio e poteva anche accedere a quella del subconscio delle persone che lo sollecitavano. Non importava dove fossero, se nella stanza dove si trovava Edgar Cayce o molto lontano. Grazie a questo collegamento con il subconscio, Edgar Cayce era in grado di rispondere con efficacia a tutti i tipi di domande che la gente gli si faceva e che spesso riguardavano la salute. In quest'ambito, egli era molto efficace poiché era capace di vedere l'interno del corpo e di fare delle diagnosi così precise che certi dottori americani non esitarono a chiedere il suo aiuto per i loro pazienti.

Oltre la salute, le risposte di Edgard Cayce interessarono anche aspetti filosofici, spirituali, e storici. In questo stato era anche capace di prevedere il futuro. Nonostante i suoi grandi talenti, Edgar Cayce non dichiarò mai di essere qualcuno di speciale. Invece affermava come Gustavo Rol che tutti abbiamo delle capacità psichiche latenti che sono chiamate a svilupparsi. Ed è vero che basta osservare durante un certo tempo i collegamenti tra i nostri sogni e la nostra realtà per verificare l'esistenza di queste capacità dormienti e osservare l'onniscienza del subconscio.

Per meglio comprendere ciò che succedeva a Edgar Cayce vale la pena leggere i lavori del ricercatore francese Albert de Rochas d'Aiglun (1837- 1914) sull'ipnosi. Egli non era un veggente, ma l'amministratore della scuola francese più importante per gli ingegneri: l'Ecole Polytechnique. Albert de Rochas d'Aiglun s'interessava molto all'ipnosi e fece delle esperienze in modo scientifico che sono descritte in dettagli nei suoi libri.

I resoconti delle indagini e degli sperimenti di Albert de Rochas d'Aiglun dimostrano che il subconscio è onnisciente e che è possibile usare suggerimenti ipnotici per conoscere il futuro. È tramite il contatto con il loro subconscio e quello del consultante, che i veggenti possono ottenere informazioni precise sul passato, sul presente o sul futuro di persone che incontrano per la prima volta.

Ma, quando sogniamo, tutti noi abbiamo accesso al nostro subconscio, ciò naturalmente, senza ipnosi, senza nessun rischio per la nostra salute e in maniera autonoma. Un'autonomia che non hanno i veggenti che si fanno aiutare da entità anche chiamate "spiriti".

2) I veggenti che si fanno aiutare dagli spiriti

Il primo veggente che avevo incontrato faceva parte di questa categoria. Non vedeva direttamente nel subconscio della gente che veniva a consultarlo, ma erano degli spiriti che lo facevano per lui e che gli comunicavano le informazioni.

Egli diceva che aveva nell'invisibile degli spiriti guida abituali con i quali poteva comunicare facilmente. A volte comunicava anche con altre entità che spesso erano sia gli spiriti dei defunti cari dei consultanti, sia altri spiriti che si presentavano alle sedute per aiutare la gente. Il veggente diceva che era solamente un canale, un mezzo di comunicazione. Era davvero un messaggero altruista e molto efficace.

Il contatto con questo veggente mi aprì le porte dei centri spiritisti e di guarigioni spirituali del Nord della Francia. È così che ho potuto incontrare molti altri veggenti di questo tipo e che ho sentito parlare del famoso libro di Allan Kardec: "*Il Libro degli Spiriti*", pubblicato per la prima volta nel 1857 a Parigi. Questo libro spiega la dottrina spiritica e presenta un elenco delle domande fatte agli spiriti e delle loro risposte e insegnamenti. Il vero nome di Allan Kardec è Hippolyte Léon Denizard Rivail. Nacque a Lione nel 1804 et morì a Parigi nel 1896.

In questa categoria, i medium più impressionanti sono quelli per incorporazione dove uno spirito entra nel corpo del medium e comunica usando il suo corpo e le sue corde vocali. In altre parole, certi medium sono capaci di uscire dal corpo e di prestarlo temporaneamente a entità disincarnate per permetterle di esprimersi. (Per coloro che davvero non sanno nulla di tutto questo, come me all'inizio, preciso che non siamo solamente dei corpi. Il nostro corpo è il veicolo della nostra anima che lo abita il più tardi possibile prima della nascita e ne esce per l'ultima volta alla morte. Nel frattempo, l'anima può uscire dal corpo quando c'è un importante stress emotivo, quando dormiamo o grazie a certe tecniche spirituali di uscita dal corpo).

Nel gruppo di medium che ho conosciuto, ho potuto studiare i resoconti delle sedute svolte da molti anni. C'era una grande quantità di testi in grossi raccoglitori. Non ho mai partecipato attivamente a nessun'attività dei medium. Poiché loro mi consideravano troppo piccola e mi permettevano solamente di assistere come osservatrice. Ed io non mancai di osservare tutto ciò che si svolgeva.

Dopo avere studiato attentamente tutti i documenti e osservato i medium per un certo tempo, per me era chiaro che:

-gli spiriti che venivano a comunicare durante le sedute spesso avevano poca saggezza;

-davano spesso dei consigli privi di buonsenso;

-c'erano molte previsioni sbagliate.

Avevo anche osservato che i medium pagavano un prezzo troppo alto per comunicare con spiriti a volte malvagi o che venivano a prenderli in giro. Quando si presentano spiriti negativi, i veggenti perdono molta vitalità. Possono anche avere disturbi nervosi e mentali. Questo tipo di veggenza era molto usato nei templi delle antiche civiltà. In questi templi si usavano tecniche per scacciare gli spiriti negativi e per attrarre quelli positivi. C'erano anche delle tecniche per aumentare il tasso vibratorio dei luoghi in modo da potere accedere alle entità di alto livello. Infatti, i templi furono edificati in luoghi scelti proprio per la loro alta energia cosmo-tellurica.

Nei gruppi che ho osservato non c'era nessuna protezione a parte quella dell'energia del gruppo di veggenti. Il problema con le entità è che possono ingannare ai medium e presentarsi alle sedute solo nello scopo di nutrirsi della loro vitalità. Bisogna avere prima sviluppato un certo discernimento per praticare questo tipo di medianità senza rischi. Se trovo molto interessante la lettura dei libri di Allan Kardec, non raccomanderei a nessuna persona isolata di provare da sola le tecniche dello spiritismo a causa dei loro pericoli. Ho osservato che questo tipo di medianità può provocare invecchiamento accelerato, disturbi nervosi gravi, depressione e anche follia. Ma per fortuna, non è sempre il caso, ci sono dei veggenti di questo tipo che riescono a fare molte cose positive e ad aiutare la gente.

Fu a partire degli Stati Uniti nel 1847 che lo spiritismo si diffuse in Europa. Oggi, nel mondo, esistono ancora molti gruppi spiritici e Allan Kardec è molto di moda nel Brasile. Oggi in altri luoghi nel mondo, la corrente New Age ha attribuito un nuovo nome allo spiritismo che adesso viene chiamato: canalizzazione (dall'inglese *channelling*).

Nello spiritismo o nella canalizzazione il principio è sempre uguale: non è l'essere umano che sviluppa le sue capacità per accedere a certe informazioni o per conoscere il futuro, ma invece chiede aiuto ad entità disincarnate che le danno queste informazioni.

Infatti, secondo il grado di evoluzione spirituale del medium, il suo stato di salute fisica e psicologica, il suo modo di pensare, il suo scopo, il luogo dove esercita i suoi talenti, e le persone che attendono, certi tipi di entità ne saranno attratte. È un po' come nella realtà e se si ha delle ricchezze non custodite esse possono anche attrarre i ladri ed i truffatori.

Ho sempre avuto molta gratitudine per il veggente che avevo incontrato e che mi aveva aperto le porte ai gruppi di veggenza, però ho sempre pensato che questi medium prendevano troppi rischi per conoscere il futuro tramite spiriti che non erano sempre affidabili. Mi sembrava più sicuro di vedere il futuro nei sogni in tutta autonomia e naturalmente. Questo è possibile e lo sapevo per esperienza poiché avevo spesso sognato eventi futuri per me, i miei familiari, ed i miei amici.

Era giunto il termine dei miei studi all'università di Lilla. La seguente tappa era Parigi per fare lì delle ricerche per il dottorato sul diritto dei brevetti delle invenzioni. Ciò mi allontanò dai gruppi di medianità nel Nord della Francia. A Parigi, mi misi a fare delle ricerche e delle esperienze sulla chiaroveggenza nei sogni che furono molto fruttuosi e di cui vi parlerò nelle pagine seguenti. Per adesso, vorrei terminare con i diversi tipi di veggenti e parlare di quelli che si aiutano con degli strumenti e le tecniche.

3) I veggenti che usano strumenti e tecniche

Quando andate a consultare un cartomante, in realtà è il vostro subconscio che vi fa conoscere il vostro futuro tramite le carte che avete scelto e il modo in cui le avete disposte sul tavolo. Più siete rilassati e più le vostre forze subcoscienti avranno la possibilità di esprimersi nella vostra scelta di carte. Dunque, in questo caso, basandosi sulle carte che avete tirato e sulla loro disposizione sul tavolo, il veggente è solamente un interprete tra voi e il vostro subconscio.

Per quanto riguarda alle sfere di cristallo, esse aiutano il medium a entrare in uno stato più grande di autoipnosi che gli consentirà di comunicare meglio con il suo subconscio e con il vostro per trarne delle informazioni sul futuro.

Da sempre, l'essere umano ha avuto il desiderio di vedere il futuro. Perciò dappertutto nel mondo esistono delle tecniche e delle pratiche chiamati arti divinatori. Includono ad esempio: lo *yi-king*, la numerologia, l'astrologia, la chiromanzia, le rune e molti atri metodi. Uno dei punti comuni a tutti questi metodi è che tutti rispondono a una domanda che pone una persona ad un veggente in un momento determinato.

Invece, la veggenza onirica ha un grande vantaggio poiché i sogni possono mostrarci eventi futuri senza nessuna previa domanda da nostra parte. È come se ogni essere umano avesse un sistema d'allarme naturale e automatico che funziona da solo senza l'intervento del conscio. È il subconscio che fa funzionare questo sistema per informarci sugli eventi futuri che a volte sono così inaspettati che mai avremmo avuto l'idea di porre delle domande a questo proposito ad un veggente. Per spiegare meglio questo fenomeno vi darò un esempio personale che annuncia e prepara un futuro che sembra di essere fuori dal contesto della realtà del sognatore e dunque inaspettato.

In un momento della mia vita dove non avevo nessuna voglia di andare a vivere in un altro paese, ho fatto una serie di sogni molto chiari che mi mostravano una città italiana ed il mio alloggio in questa città. Dalla finestra dell'alloggio vedevo la cupola dorata di una chiesa con in cima una piccola croce. Sulla destra vedevo la cima di un edificio molto particolare. Man mano, mentre di mattino scrivevo i miei sogni, mi accorsi che questa città che vedevo nei sogni e dove il mio futuro sembrava svolgersi era una città del Piemonte, era Torino. Poco dopo ho avuto bisogno di andarci e la città mi è tanto piaciuta e ho avuto voglia di vivere lì. Fu molto facile trovare l'alloggio che avevo visto nei sogni. D'altronde era l'unico che avevo visitato. Dalla sua finestra vedevo la cupola dorata e la sua croce e alla destra la cima particolare di un edificio della città. Era la Molle, dove c'è il museo del cinema di Torino. Ho vissuto due anni a Torino e questi due anni sono stati molto importanti per la mia crescita spirituale.

Questo è un esempio tra tanti altri che mi facilitano la vita e la rendono più magica. I sogni mi avvertono anche dei pericoli. È cosi che ho sognato gli attentati di New York prima di andarci e racconto questo sogno nel mio libro: *"I Sogni Possono Salvarvi la Vita"*.

Mi succede molto spesso di fare dei sogni premonitori utili poiché mi sono allenata per migliorare la comunicazione con il mio subconscio, per sviluppare le mie capacità oniriche e per capire la lingua dei miei sogni. Spesso faccio delle domande al mio subconscio per ottenere informazioni. Per ciò ho inventato una tecnica molto efficace, ma per la quale ci vuole un tempo d'allenamento e un lavoro personale. Pero per tutti coloro che non hanno sia il tempo, sia il desiderio di allenarsi c'è sempre la possibilità di vedere il futuro nei sogni usando due semplici tecniche che vi spiegherò. Ma prima vorrei dirvi perché si può vedere il futuro nei sogni.

Capitolo 2: Perché il futuro si può vedere nei sogni?

Come anticipato nel primo capitolo, avevo spesso fatto dei sogni premonitori e perciò sapevo che era possibile di vedere il futuro nei sogni. Pero, a causa della mia educazione razionale nelle scuole francesi, per molto tempo i miei sogni premonitori mi hanno soprattutto portato a sbagliare. Infatti non sospettavo che facevo dei sogni premonitori sulle persone che conoscevo e mi divertivo raccontando a tutti questi sogni curiosi che mi sembravano di non avere importanza. Il mio sbaglio più grande l'ho fatto nel ristorante dove avevo incontrato il primo medium.

Un giorno, mentre mi stavo sedendo per pranzare, un sogno a proposito di D. il proprietario mi è tornato in mente con tanta forza che non ho potuto fare a meno di raccontarglielo.

"Oh! È buffo, questa notte ho sognato che tu piangevi molto perché la tua compagna ti aveva lasciato. Ma io nel sogno ti dicevo di non preoccuparti, poiché ti aspettava un incontro molto bello con una cantante". E io aggiungevo: "Vedrai, sarai molto innamorato e viaggerai spesso con lei".

D. mi ascoltò senza parlare. Ovviamente sembrava imbarazzato. E questo per una buona ragione, la sua compagna era lì, proprio di fronte a me ed io non l'avevo vista. Oops! Mi sono scusata dicendo che era solo un sogno e mi sono seduta silenziosamente il più lontano possibile.

Eppure, pochi mesi dopo, D. ci serviva piangendo nel suo ristorante. La compagna l'aveva lasciato. Colui che aveva vissuto così a lungo con lei, i suoi figli e il suo cane si ritrovò improvvisamente solo e disperatamente single. Noi, i clienti del ristorante, abbiamo cercato di consolarlo come meglio potevamo. Fortunatamente, il tempo finisce per guarire anche le ferite più terribili e il nostro amico asciugò le sue lacrime.

Un giorno mentre andavo a pranzare ho trovato il ristorante chiuso per ferie. Era molto insolito. Infatti D. si era innamorato di una cantante venuta a lavorare all'Opera di Lilla ed era in viaggio con lei. Dunque il mio "sbaglio" si era totalmente realizzato!

Menomale che avevo incontrato L. il medium. Quest'incontro e l'accresciuta frequenza dei miei "sbagli" mi hanno finalmente aperto gli occhi sul fatto che il futuro si può vedere nei sogni: il nostro e quello degli altri.

La medianità che L. praticava mi spaventava troppo. Non avevo voglia di sviluppare questa medianità. Invece, siccome io avevo molte facilità per sognare precisamente il futuro era meglio per me di sviluppare il talento della chiaroveggenza onirica. Tutto ciò aggiunto ad altre circostanze nella mia vita e al mio lavoro nel campo della creatività e delle invenzioni mi porto a fare delle ricerche approfondite sui sogni e più specificamente sui legami tra sogni e realtà.

Grazie a molti anni di ricerche (ora oltre venticinque anni), posso dirvi che è possibile vedere il nostro futuro nei sogni per il semplice motivo che viviamo la nostra vita al rovescio. Con questo intendo che nonostante le apparenze, non è la nostra mente cosciente e razionale che guida la barca della nostra esistenza, ma le nostre forze subconscie. Sono queste forze che creano costantemente il nostro futuro, con o senza la cooperazione della nostra mente cosciente. Pertanto, tutto ciò che viviamo nella realtà è stato prima concepito e organizzato nell'energia dei sogni. Tutta la vita materiale non è altro che una manifestazione concreta della nostra vita psichica subconscia. Questo spiega l'esistenza dei cosiddetti sogni premonitori e anche le sensazioni di *déjà vu*. Queste sensazioni provengono dal fatto che abbiamo già sognato eventi o luoghi ma che abbiamo dimenticato i nostri sogni.

Infatti tutto ciò che esiste nella realtà è stato inizialmente concepito nell'energia dei sogni, cioè nel mondo energetico che raddoppia e bagna il nostro mondo materiale.

Sebbene la mente cosciente, con cui esploriamo il mondo materiale attraverso i nostri sensi, influenza il subconscio, sono le forze subconscie che determinano gli eventi più importanti del nostro futuro con il "consenso" o no della nostra mente cosciente, cioè, lo vogliamo o no consapevolmente o razionalmente. Il subconscio è il vero padrone del nostro destino. È principalmente attraverso il sogno e il corpo fisico che il nostro subconscio e la nostra coscienza comunicano. Siccome i sogni ci permettono di comunicare con le nostre forze subconscie, è molto importante di osservarli per guidarci meglio nella vita e per vedere in anticipo il futuro prossimo o lontano.

Quando s'impara a conoscere il linguaggio dei sogni, ci si rende conto molto rapidamente che fare sogni premonitori non è qualcosa straordinario. È un fenomeno molto comune che si verifica ogni notte e che quasi sempre riguarda eventi banali del quotidiano e che dunque non hanno niente di eccezionale. Ad esempio vi può capitare di sognare il colore particolare di una busta che il postino metterà l'indomani nella casella della posta. O che domani incontrerete il vostro vicino che questo giorno indosserà una cravatta rossa brillante.

Qualche giorno fa, ho programmato la sveglia alle sette per non perdere la consegna di un pacco pesante che mi doveva essere consegnato tra le otto e le diciotto. Ma poco prima di svegliarmi ho sognato che mi recavo in un ufficio a ritirare questo pacco. Il mattino, non capivo perché avevo sognato questo poiché io ero lì e avevo preso tutte le precauzioni per ricevere questo pacco. Ahimè, verso le 11:00, ho ricevuto un messaggio dalla società di corriere espresso che m'informava che i fattorini si erano presentati. Che a causa della mia assenza, il pacco non era stato consegnato, che un avviso era stato depositato nella mia casetta della posta e che il pacco era ormai disponibile nel punto di consegna più vicino. Infastidita da questa malafede, dal fatto di aver perso il mio tempo e dalla prospettiva di dovere portare questo pacco pesante dall'ufficio postale a casa mia, mi consolai dicendomi: "Ah! Ecco! Era quello che annunciava il sogno di questa notte. Il mio subconscio sapeva che i fattorini avrebbero fatto finta di passare. Se l'avessi ascoltato, avrei potuto fare una passeggiata e svegliarmi più tardi invece di aspettare invano i fattorini che fingono di andare dalla gente. Il mio subconscio è incredibilmente pratico! »

Tutti noi facciamo naturalmente dei sogni premonitori, per la motivazione che costruiamo il nostro futuro nel mondo dei sogni. Tuttavia, pochissime persone si rendono conto di fare dei sogni premonitori ogni notte. Ciò è dovuto a diversi fattori che s'intrecciano:

- dimenticanza dei sogni;

- il fatto di non comprendere il linguaggio e i simboli dei sogni;

- la miscela nello stesso sogno di diversi livelli di realtà che rendono la loro interpretazione molto difficile;

- la miscela nei sogni d'informazioni personali e d'informazioni che si riferiscono ad altre persone.

Ci sono a volte dei sogni premonitori che sono chiari e limpidi. Non hanno bisogno di essere interpretati e così il subconscio può anche aiutare la gente che non ha fatto nessun lavoro personale di esplorazione del suo mondo onirico. Ma la maggior parte del tempo facciamo dei sogni che non sono chiari e che non si possono capire se non si conosce la lingua dei propri sogni. Dunque non si può sapere che certi sogni erano infatti dei sogni premonitori.

Vi darò, ora, un esempio personale di sogno premonitore che diventa molto chiaro solo una volta che conosciamo il linguaggio simbolico che il nostro subconscio usa nei sogni.

Quando avevo trent'anni, avevo già scritto libri e stavo provando di trovare una casa editrice in Francia. È allora che ho sognato che andavo a vivere a New York dove vendevo delle fragole in una piccola azienda. Era un sogno molto breve. L'avevo scritto sul mio quaderno senza comprenderne il significato e senza prestare molta attenzione, perché in quel momento New York non m'interessava affatto. Non immaginavo di vivere in un altro paese, di lasciare Parigi. Non parlavo ancora bene l'inglese e non pensavo davvero che un giorno avrei scritto dei libri in inglese e che avrei persino tenuto lezioni in questa lingua.

Fu solamente circa dieci anni dopo, quando tutto per me era disperatamente bloccato in Francia che me ne sono andata a New York dove ho pubblicato i miei libri in una piccola casa editrice. Ecco il mio sogno fatto dieci anni prima si era realizzato. Nel frattempo, grazie alle mie ricerche sui sogni avevo imparato a decifrarli benissimo e avevo capito che le fragole raffiguravano dei libri per il mio subconscio, dei libri che avevo scritto. Dunque più di dieci anni in anticipo, mentre stavo vivendo un periodo molto difficile, i miei sogni non solo mi mostravano dove andare ma anche che il mio futuro sarebbe stato libero da tutto ciò che mi ostacolava in Francia.

Con l'esperienza, posso dire che la maggior parte dei sogni premonitori si proiettano in un futuro molto prossimo, mentre alcuni sogni premonitori possono proiettarsi uno, due, dieci o venti anni e talvolta anche più nel futuro. Certo, non tutti i sogni sono premonitori. Alcuni sogni riguardano il passato o dei problemi psicologici. Altri sono semplicemente il risultato di una "indigestione d'informazioni" quando abbiamo passato troppo tempo a guardare la televisione o incontrato moltissima gente. Inoltre, molti incubi sono spesso solamente causati dallo stress o da una cattiva digestione. Fortunatamente, la maggior parte degli incubi e dei sogni di morte non sono sogni premonitori.

Per terminare sui sogni premonitori: non c'è nulla di paranormale nel vedere il nostro futuro nei nostri sogni. È una funzione perfettamente normale e banale del nostro cervello. Se si osservano i sogni e la realtà per un po', applicando le mie tecniche, è possibile verificarlo facilmente da solo.

I vostri sogni vi comunicano spesso spontaneamente delle informazioni sul vostro futuro, perché sono loro che lo creano.

Ma se non avete voglia o tempo per fare un lavoro personale di esplorazione del vostro mondo onirico potete usare per conoscere il vostro futuro due semplici tecniche che sto per spiegarvi. Sono due tecniche che vi permetteranno di fare delle domande al vostro subconscio.

Capitolo 3: Come chiedere facilmente al vostro subconscio di darvi delle informazioni sul futuro nei sogni

Nella leggenda di Aladino e della meravigliosa lampada quando egli strofina la lampada, esce un fumo e poi appare un genio che dice "Sono il tuo schiavo: ordina tutto ciò che vuoi e ti obbedirò".

Il nostro subconscio è un po' come il genio della lampada, dovete strofinare un po' la sua lampada per fare uscire dei sogni che vi daranno le informazioni che desiderate. Per strofinare la "lampada" cioè per comunicare con il subconscio al fine di ottenere un aiuto e informazioni, ci sono delle tecniche che sono sempre state usate dai veggenti ma che non sono accessibili a tutti. Tuttavia, grazie ai sogni, tutti noi possiamo facilmente "strofinare la lampada". Adesso vi parlerò di due tecniche molto semplici che consentono di farlo, poi dei modi per rendere queste tecniche ancora più efficaci e, infine, di ciò che nega la loro efficacia.

Come ho scritto sopra, il grande vantaggio della chiaroveggenza onirica rispetto ad altri tipi di chiaroveggenza è che il vostro "buon genio dei sogni" è a vostra disposizione per aiutarvi, anche se non gli chiedete nulla. Ogni notte vi regala, grazie ai sogni, informazioni sul futuro prossimo o lontano, a volte in sogni molto chiari che non hanno bisogno di essere interpretati.

Naturalmente, se gli chiedete chiaramente aiuto, il vostro subconscio sarà in grado di aiutarvi ancora di più e renderà la vostra vita più facile e anche più magica.

Per fare una domanda al vostro subconscio potete usare le due seguenti tecniche:

1) Le tecniche

Prima tecnica: tecnica d'induzione attraverso la fantasia

La sera, prima di addormentarvi, quando siete perfettamente rilassati e intorpiditi, pensate come in una fantasia alla vostra domanda. Dovete pensare in modo rilassato e distaccato. È come quando viaggiate in treno, e guardate il paesaggio mentre lasciate i pensieri affiorare alla vostra mente. Fare questo permette di dare ordini al vostro subconscio di inviarvi informazioni sul tema che state pensato in questo modo poco prima di addormentarvi. Questa è una tecnica molto semplice, ma molto efficace.

Apro una parentesi per sottolineare l'importanza dei pensieri che abbiamo in mente prima di addormentarci e il fatto che sia sconsigliato guardare certi film, leggere certi libri ed ascoltare certe informazioni poco prima di andare a dormire. Coloreranno i vostri sogni e dunque la vostra vita. Tutti i pensieri che entrano ed escono dal cervello influenzano la nostra vita. Dobbiamo prestare particolare attenzione ai pensieri che abbiamo la sera prima di andare a dormire, perché influenzeranno il contenuto dei nostri sogni e contribuiranno a creare il nostro futuro nel bene e nel male. Dormire serve molto più di quanto crediamo. È grazie alle ricerche che ho fatto sui collegamenti tra i sogni e la realtà che ho capito l'importanza di dormire e di dormire bene. Ma non è sempre stato così.

Nella mia infanzia, ragionavo molto e davo fastidio ai miei genitori con le mie assurde conclusioni. Un giorno, mi venne l'idea che dormire fosse inutile, che fosse davvero un'occupazione ridicola. Subito, ne parlai ai miei genitori che avevano un metodo educativo adatto a una grande famiglia di bambini testardi: lasciavano che facessero le loro esperienze. "Hai perfettamente ragione" mi dissero, "è davvero stupido rimanere così in un letto senza muoversi per ore quando invece potresti giocare. D'ora in poi, non dormirai più." Ero felicissima. La stessa sera, dopo il film che avevamo visto in TV, quasi tutti iniziarono a sbadigliare e poi andarono a coricarsi. Mi ritrovai nel soggiorno con i miei due fratellini che erano anche loro molto felici di potere continuare a giocare e c'era anche il gatto. I miei fratelli giocarono con me per un po', e poi, ahimè, si addormentarono per terra. Beh! Continuai a giocare con il gatto però dopo un po' anche lui si raggomitolo su se stesso e si addormento. L'atmosfera della notte mi sembrava così strana. Non avevo mai provato di rimanere sveglia a giocare mentre tutta la famiglia dormiva. Questo silenzio era così insolito per me abituata a vivere nel rumore e nel movimento di una grande famiglia di dieci bambini. A poco a poco, la noia mi afferrò poiché non era divertente di giocare lì da sola. Con la noia, la stanchezza cominciò ad arrivare, e nonostante la mia determinazione, il sonno superò la mia buona logica. La mattina dopo, mi svegliai nel letto in cui mio padre mi aveva portato, quando si alzò presto la mattina per andare a lavorare. Quella mattina, ero un po' arrabbiata con il sonno, ma pensavo ancora che dormire fosse inutile.

Bene, ora, so per esperienza che è tutto l'opposto. Dormire serve per molte cose. Durante il sonno, è vero che il corpo si riposa, si pulisce, si ristabilisce, si ricarica di energia.

Inoltre, e ciò che mi sembra molto più importante, facciamo molte cose quando dormiamo, e questo in maniera molto più efficace rispetto allo stato di veglia.

Nello stato di veglia, siamo limitati dal fatto che siamo in un corpo fisico e dal fatto che la nostra mente conscia ci dà solamente accesso a una quantità molto più piccola d'informazioni. Nello stato di sogno, comunichiamo molto più facilmente con altri esseri (esseri umani, animali, piante). Non c'è più la barriera del tempo, della distanza o delle lingue.

Durante la mia ricerca, ho potuto osservare che nello stato di sogno tutti i cervelli degli esseri umani comunicano molto attivamente. Si forma in un piano di energia invisibile, una specie di enorme e potente rete onirica in cui circolano molte informazioni. Paragonato a questa rete onirica l'Internet che abbiamo oggi sembra povero. (Io non sono la sola ad aver notato questo fenomeno, c'è anche per esempio Robert Moss). Di notte, nei sogni, possiamo anche viaggiare fino all'altro lato della terra senza soffrire nessun *jet lag*. Ma, più prosaicamente, a volte nei sogni andiamo semplicemente a risolvere i nostri problemi con le amministrazioni o controlliamo che tutto sta andando bene. Andiamo anche a visitare i nostri cari, o a prendere qualche vacanza gratuita al sole, in totale libertà e senza la stanchezza dei viaggi.

Le attività che possiamo avere nel sonno sono basate sui nostri interessi, i nostri pensieri prima di andare a letto, il nostro livello di energia, la nostra calma interiore, il modo in cui abbiamo mangiato, dove dormiamo e le persone che ci sono vicine. Se mangiamo un pasto pesante prima di andare a dormire, c'è un'alta probabilità che i nostri sogni riguardino semplicemente la digestione. È un po' come nello stato di veglia, la nostra vita di veglia si svolge anche secondo i nostri centri d'interesse, la nostra forma fisica buona o cattiva, e le persone che conosciamo. Allo stesso modo, nella realtà quando mangiamo troppo la nostra energia si concentra nel sistema digestivo e ci stanca tanto che spesso non facciamo nient'altro che digerire. Quello che possiamo fare durante il sonno è nella continuità di quello che abbiamo fatto il giorno e soprattutto di quello che abbiamo fatto di sera un po' prima di dormire.

Ad esempio, uno scienziato ricercatore che lavora molto su un dato argomento probabilmente sognerà di visitare i colleghi per parlarne con loro. Qualcuno che cerca di risolvere un problema tecnico con calma avrà tutte le possibilità di sognare la soluzione. Questo succede molto spesso agli inventori.

Qualcuno che guarda solo film horror prima di andare a dormire avrà tutte le probabilità di essere attratto da luoghi malsani e scene horror durante i suoi sogni e di svegliarsi di cattivo umore e con poca energia. È un peccato passare le notti lì quando ci sono così tante cose interessanti da fare, da vedere e scoprire nel mondo dei sogni dove possiamo godere di molta libertà se rispettiamo certe regole d'igiene personale e psicologica. Chiudo questa parentesi, per parlare ora della seconda tecnica che potete usare per porre domande sul futuro al vostro subconscio.

Tecnica 2: Come porre attivamente una domanda al subconscio per conoscere il vostro futuro

La seconda tecnica è più attiva. Può essere praticata la sera prima di addormentarsi, ma anche in qualsiasi altro momento della giornata, a condizione di essere calmo e tranquillo. In questa tecnica usiamo la volontà e il desiderio, facciamo una domanda al nostro subconscio concentrando la nostra energia di pensiero sulla fronte nel mezzo dei due occhi (chiamati centro *ajna* in India, o terzo occhio, o occhio spirituale). Mentre facciamo la nostra domanda, creiamo immagini nella nostra mente e le carichiamo emotivamente con il desiderio che viene dal cuore. Vale a dire, vogliamo davvero sapere e generiamo questa energia del desiderio che proviene dal plesso cardiaco (o chakra del cuore), quindi usiamo allo stesso tempo il centro tra i due occhi, il cuore, l'immaginazione, il pensiero e la volontà. Questo metodo è molto potente. Vi consiglio di formulare bene la vostra domanda e di prestare attenzione a ciò che chiedete. Non fare domande negative, siate sempre positivi. Ad esempio, non chiedere: "sto per non avere più lavoro? " ma piuttosto "come andrà il mio lavoro? " o "sto per cambiare lavoro?" L'ideale sarebbe di porre le domande al subconscio nel suo linguaggio decodificato in precedenza. Ma ci vuole circa un anno di lavoro personale per decifrare accuratamente la vostra lingua onirica. Se non avete imparato a capire la lingua del vostro subconscio, potete comunque chiedere aiuto con la vostra lingua quotidiana. Il subconscio risponde sempre in un modo o nell'altro quando lo interroghiamo. La sua risposta arriva quasi sempre in un sogno, ma può anche arrivare in modo diverso e tramite altre persone.

Ecco per la seconda tecnica. Ci sono anche altre tecniche, ma queste due sono le più semplici, le più accessibili a tutti. Inoltre, possono diventare ancora più efficaci aggiungendo i seguenti elementi concreti.

2) Modi per migliorare l'efficacia di queste tecniche:

Si possono usare entrambe le tecniche così come sono senza altri mezzi. Ma per migliorare la loro efficacia, potete usare: l'olio essenziale di *salvia sclarea* e il quarzo.

Le proprietà interessanti del quarzo:

Ho fatto molti esperimenti nel campo dei sogni, per curiosità e anche per capire come funziona l'essere umano. Durante un periodo della mia vita, ho sperimentato l'effetto sui sogni delle pietre e dei cristalli. Ne ho provato alcuni mettendoli sotto il cuscino o sul comodino e confrontando le mie scoperte con ciò che si dice nella letteratura specializzata sui cristalli. È davvero interessante scoprire come certi cristalli e pietre agiscono sul cervello e sulla circolazione dell'energia nel corpo. Ho pubblicato dei video in cui condivido alcune delle mie esperienze (www.amancini.com). Durante questi esperimenti, ho scoperto che le punte di quarzo amplificano e chiarificano i sogni. Le sfere di cristallo usate dai veggenti sono dei quarzi, e ciò non è a caso. Potete ottenere gli stessi risultati mentre dormite. Basta trovare la punta di quarzo che fa per voi, metterla sotto il cuscino, usare una delle due tecniche che ho spiegato sopra e dormire a sufficienza. Se avete anche una vita sana, usando un quarzo, otterrete più sogni e sogni più chiari.

Io cerco sempre di sognare in modo naturale, perché i cristalli sono "stampelle" per noi, e tutti possiamo imparare a "camminare senza stampelle". Tuttavia, a volte uso il mio cristallo preferito in occasioni speciali, quando sono troppo stanca o se non riesco a dormire quanto voglio. Ecco una fotografia del quarzo che uso.

L'ho comprato dieci anni fa a New York in un piccolo negozio nella riva del fiume Hudson e non mi ha mai abbandonato. Dopo ne ho comprato uno molto più grande però che non ha mai funzionato nei sogni. È quindi necessario provare diverse pietre e raccomando che il quarzo sia il più limpido possibile e che vi attragga irresistibilmente.

Per riassumere: basta mettere una bella punta di quarzo sotto il cuscino e sarà più facile ricordare i sogni. Questi saranno anche molto più chiari e la comunicazione tra il vostro subconscio e la vostra mente sarà notevolmente migliorata.

Per scegliere il vostro quarzo, lasciatevi guidare dal vostro intuito. Scegliete il quarzo che vi attrae di più. Prima di utilizzarlo, lavatelo sotto l'acqua corrente per togliere le informazioni che ha accumulato a contatto con le persone che l'hanno toccato prima. Quando avrete trovato il quarzo, che fa per voi, tenetelo al sicuro, vi sarà di grande aiuto, in caso di emergenza.

I curiosi, possono fare questo esperimento con un quarzo per testarne gli effetti sulle piante. Quando compro un bouquet di prezzemolo, coriandolo o basilico, lo metto in un vaso con un po' d'acqua. Un giorno, vendendo che il mio mazzo di basilico stava appassendo, ho avuto l'idea di aggiungere un quarzo nell'acqua. Subito, ho visto il recupero del bouquet. Ho rinnovato l'esperimento con successo con altre piante. (Ho fatto questi esperimenti con mazzi provenienti dall'agricoltura biologica).

Un'altra esperienza interessante da fare con un quarzo. Prendete una bottiglia di vetro, riempitela di acqua pura ponete un cristallo dentro e mettete tutto al sole per qualche ora. Poi, prima di andare a dormire bevete un bicchiere dell'acqua e osservate l'effetto sui sogni. Saranno molto più brillanti e luminosi.

I poteri dell'olio essenziale di Salvia Sclarea

Durante le mie ricerche, ho provato vari olii essenziali per osservare i loro effetti sui sogni e sul sonno. Tra tutti quelli che ho provato, tre mi hanno segnato molto: l'olio essenziale di basilico (oscimum basilicum) perché provoca sogni comici; l'olio essenziale di lavanda perché rilassa profondamente e permette di fare sogni più spirituali, e l'olio essenziale di salvia sclarea causando sogni di chiaroveggenza molto chiari. L'olio essenziale di salvia sclarea ha un effetto leggermente ipnotico. Basta mettere qualche goccia su un cotone e metterlo in una tazza piena d'acqua che si lascia sul comodino. Tuttavia, a volte può causare insonnia in alcune persone. È meglio provarlo quando non si deve andare a lavorare il giorno dopo. Allo stesso modo, è meglio essere tranquillo quando si prova, in caso contrario, può anche causare insonnie. Naturalmente, il quarzo e l'olio essenziale di salvia sclarea possono essere usati contemporaneamente. Ma, non dimenticate che sono stampelle. È interessante provarli, ma è ancora meglio camminare senza stampelle.

Per quanto riguarda le droghe, non li ho mai provate e non li consiglio perché non abbiamo davvero bisogno di droghe per accedere a certi mondi. Basta mettersi all'unisono con la vibrazione energetica di questi mondi e li raggiungiamo naturalmente nel sogno senza danneggiare il nostro corpo. Per aumentare la nostra frequenza vibratoria, è necessario avere una buona dieta, dell'acqua pura, una vita sana e uno stato mentale positivo. Tutto ciò ci permette di fare sogni e viaggi spirituali e felici, senza bruciare i nostri canali di energia, senza danneggiare il nostro corpo e il cervello, e senza isolarsi dagli altri.

3) Che cosa ostacola l'efficacia delle due tecniche?

A) Una cattiva igiene di vita

L'importanza di avere una vita sana:

Avete sentito parlare dei templi di Esculapio? Questi templi dell'antichità greca e romana erano luoghi in cui i pellegrini andavano a chiedere un aiuto per la loro salute al dio

Esculapio che era il dio della medicina. Esculapio appariva nei sogni dei pellegrini per dargli consigli per guarire. A volte i peregrini erano anche direttamente guariti nel sogno.

Detto così, sembra molto semplice, però non bastava andare a dormire in un tempio. I pellegrini dovevano sottomettersi a delle pratiche d'incubazione dei sogni terapeutici sotto la supervisione dei sacerdoti e delle sacerdotesse di questi antichi templi. Perciò dovevano purificarsi digiunando e compiendo abluzioni. Potevano recarsi a dormire nel tempio, solamente quando erano giudicati pronti e abbastanza purificati. Nei templi, tutto era organizzato per impressionare la loro mente. C'era un ambiente particolare, la statua del Dio, pochissima luce, incensi e fumigazioni purificanti e probabilmente, ipnotiche. Tutto ciò metteva i pellegrini nelle condizioni più favorevoli per fare dei sogni terapeutici. Sdraiati su una pelle di bestia, i pellegrini si addormentavano nel tempio. Spesso il dio Esculapio le appariva in sogno e le guariva o diceva che cosa dovevano fare per guarire. I sacerdoti e le sacerdotesse dei templi di Esculapio aiutavano i pellegrini a capire i loro sogni quando ciò era necessario. Ma la loro funzione principale era soprattutto quella di assicurare che i pellegrini fossero idonei ad entrare nel tempio. È un peccato che oggi, questo tipo di posto non esiste più. Questo sarebbe di grande utilità per i malati. Un giorno, forse deciderò di crearne uno? Se volete provare l'avventura con me, contattatemi. Nel frattempo, è possibile usare le antiche conoscenze per fare sogni terapeutici da soli. Se gli antichi sacerdoti e sacerdotesse chiedevano che i pellegrini si purificassero prima di entrare nei templi, non è senza motivazione. Vediamo adesso perché sono stati usati il digiuno e l'acqua.

Perché era necessario digiunare prima di andare a dormire nel tempio di Esculapio?

In Sud America e soprattutto in Messico è sempre esistita una tradizione dell'arte di sognare. Gli antichi maya sostenevano che l'energia del sogno fosse nella pancia. In Occidente abbiamo recentemente riscoperto l'importanza di quest'area del corpo e ci siamo resi conto che lì c'è un secondo cervello. I maya già lo sapevano da molto tempo e perciò spesso in Sud America ci sono delle statue di persone sdraiate sulla schiena a testa alzata, gambe piegate e le mani appoggiate sul ventre. Queste sono statue che si riferiscono all'arte di sognare degli antichi toltechi e maya e che si chiamano "*chac mool*".

È facile capire che se quest'area del corpo non va bene sarà molto più difficile sognare in modo efficace. Peggio ancora, la congestione di questa zona, sia emotiva che meccanica (costipazione, incrostazione del colon, pigrizia epatica) è la causa principale della maggior parte degli incubi e anche dell'insonnia.

Posso dirvi questo per esperienza, dopo aver aiutato tante persone a recuperare un sonno tranquillo e un'attività onirica normale. Quando il sistema digestivo è congestionato e sovraccarico come spesso accade nella maggior parte delle persone, il secondo cervello (cioè il ventre) è bloccato e il primo cervello (la testa) è molto più lento. Il digiuno allevia e decongestiona il fegato e l'intero apparato digerente riposandoli. Aiuta anche a svuotare naturalmente gli intestini che sono spesso causa d'incubi quando sono gonfi di gas e pieni di feci compattate e stagnanti.

Se avete problemi in questa parte del corpo, vi consiglio di leggere il libro Laure Goldbright: *"Testimonianza sui benefici dell'igiene intestinale"*. A volte basta prendere un tè lassativo o una tisana per il fegato per osservare più attività onirica la notte successiva e una maggiore acuità intellettuale il giorno dopo. Ho anche osservato su me stesso e su molte altre persone che fare una sessione di agopuntura per la digestione provoca anche un aumento dell'attività dei sogni durante la notte e una maggiore prontezza intellettuale durante il giorno.

Le antiche civiltà avevano una grande conoscenza della psiche umana, delle relazioni tra corpo, mente e sogni degli esseri umani. È affascinante riscoprire e sperimentare le loro conoscenze. È stato grazie a un sogno che mi ha dato la soluzione di un enigma dell'antica legge romana che ho capito che c'erano nelle antiche civiltà molte cose da scoprire sul funzionamento del cervello umano e sulla gestione delle nostre energie psichiche e fisiche. Ma questa è un'altra storia. Adesso vediamo a che cosa serviva la purificazione con l'acqua.

I motivi della purificazione con l'acqua nei templi di Esculapio

Oggi tendiamo a identificarci con il nostro corpo fisico e la sua chimica. La scienza ci prende per delle macchine e spesso finiamo per crederlo anche noi! Tuttavia, non appena s'iniziano a sviluppare le facoltà oniriche, si scopre naturalmente un mondo completamente nuovo.

Prima di tutto, ogni notte c'è qualcosa che esce dal nostro corpo e va a fare le sue cose nel mondo dei sogni. È il nostro corpo astrale, o corpo del sogno che è come la copia del nostro corpo fisico. Gli antichi egizi lo rappresentavano con un uccello alla testa umana volando sopra le mummie. Il nostro corpo astrale spesso va nel sogno con gli abiti che indossiamo per dormire. Normalmente, nel sogno non importa molto di essere nudi, in mutande o pigiami. All'anima non importa, ma accade che la mente a volte rimanga attiva durante i nostri viaggi astrali e per ciò siamo imbarazzati nel trovarci svestiti. Questo provoca sogni in cui ci vergogniamo e siamo presi dal panico cercando una soluzione rapida a questo problema. Alcune persone si svegliano a causa della vergogna che provano. Finisco qui questa parentesi sul corpo astrale.

Lavorando sui sogni, scopriamo anche l'intera dimensione energetica e informativa del corpo umano. Infatti, il corpo fisico è circondato e attraversato da reti energetiche che sono anche reti informative. Tutti abbiamo intorno a noi una sorta di bolla informativa che le antiche tradizioni spirituali hanno chiamato: aura. Nella religione cattolica, una parte di quest'aura è spesso rappresentata dalla luce attorno alla testa dei santi, o emanata dal loro cuore. Nel sogno la percepiamo come una luce bianca che brilla intorno al nostro corpo. Nei sogni, può anche essere simboleggiata dal colore degli abiti dei personaggi che appaiono.

I cinesi conoscono da lungo tempo l'importanza dei circuiti energetici del corpo. Li chiamano meridiani. Da qui è nata l'agopuntura che consiste nello sbloccare i nodi energetici (che sono all'origine di molte patologie) e nel ripristinare la regolare circolazione di energia nel corpo (che può spesso ripristinare la salute senza farmaci).

La bolla energetica in cui si trova il nostro corpo è carica d'informazioni. Troviamo informazioni che sono personali (i nostri pensieri, le nostre emozioni, i nostri traumi, la nostra storia personale, delle informazioni ereditate) e anche informazioni che abbiamo temporaneamente recuperato dal contatto con le bolle di energia di persone, animali, piante intorno a noi.

Gli antichi sacerdoti dei templi di Esculapio sapevano che le informazioni così recuperate nella bolla informativa potevano causare sogni non legati al sognatore, ma a qualcun altro. Sapevano che l'acqua ha il potere di togliere della bolla personale queste informazioni altrui e di consentire così alle persone di entrare nel tempio di Esculapio con quante più informazioni personali possibili. Ciò che permetteva loro di "vedere più chiaramente" nel sogno e di ottenere informazioni di guarigione più adeguate.

L'osservazione prolungata dei sogni dimostra che quando si è abituati a dormire con un'altra persona i sogni si mescolano. Spesso si sogna per l'altra persona. Questo può essere molto utile ad esempio per una coppia quando solo una di queste due persone è abituata a ricordare i suoi sogni. Così può aiutare il suo / la sua partner catturando le sue informazioni nel suo campo energetico.

L'acqua ha il potere di pulirci dalle nostre impurità fisiche ma anche di purificare la nostra aura. Ho parlato dell'aura alcune pagine precedenti senza entrare nei dettagli. Ma, per coloro che non hanno familiarità con le aure, apro qui una piccola parentesi per dare alcune spiegazioni aggiuntive perché è un aspetto importante per svilupparsi efficacemente nell'arte di sognare. Non siamo solo esseri fisici, corporei. Siamo anche esseri con una dimensione energetica all'interno del nostro corpo e anche all'esterno. C'è un campo energetico carico d'informazioni che avvolge il nostro corpo fisico. Il cervello, il corpo e i nostri organi emettono anche particolari onde elettriche. La medicina ufficiale occidentale misura quelle del cervello o quelle del cuore attraverso elettroencefalografi ed elettrocardiografi. La medicina cinese si basa sulle pulsazioni del polso per sentire l'attività energetica nel corpo umano. Nel sogno, a volte capita di vedere le aure, l'interno del corpo e anche i meridiani di energia. Alcuni sensitivi sono in grado di vedere le aure e/o l'interno del corpo e fare diagnosi, per aiutare le persone malate. Questa era una delle specialità di Edgar Cayce che ho menzionato prima. C'è molta ricerca in corso sulle emanazioni elettromagnetiche dei vari organi del corpo. Si spera quindi di essere in grado di rilevare i problemi di salute molto prima che si materializzino. Infatti, le malattie sono create a livello dell'energia del corpo e poi si manifestano fisicamente. Se esistesse una medicina capace di controllare efficacemente tutti i disturbi elettromagnetici del corpo e di correggerli a monte, si potrebbero evitare molte gravi malattie. È davvero più facile ottenere una cura se si agisce prima che il problema energetico si materializzi in un problema fisico. Quando raggiungiamo lo stadio della materializzazione, la medicina energetica non può più fare molto per i malati. È qui che la medicina tradizionale viene in soccorso per alleviare la sofferenza degli ammalati. Vi consiglio di leggere il libro di Stanley Kripner e Daniel Rubin, intitolato "*L'effet Kirlian*", (Sand Editions). È molto interessante. Kirlian era uno studioso russo, uno dei primi ad essere stato in grado di fotografare la luce che emanava da tutti gli esseri viventi e di sperimentare in questo campo. In questo libro ci sono fotografie degli aloni energetici delle mani, delle piante, ecc. Kirlian osservò che, ad esempio, le mani dei malati avevano un campo energetico molto più basso da quello delle persone in buona salute. Per quanto riguarda le piante, ha realizzato molti esperimenti molto interessanti che corrispondono a quello che può essere visto nel sogno sul fatto che la materia esiste prima come energia. In altre parole, nel nostro mondo, l'energia precede sempre la materializzazione di ciò che vive. Tutto ciò che esiste nel nostro piano materiale è stato inizialmente formato nel piano di energia, che è invisibile per la maggior parte degli esseri umani.

Nei miei libri uso il termine "bolla informativa" per parlare dell'aura, perché in realtà l'aura contiene le nostre informazioni e si riempie anche con le informazioni dei luoghi in cui viviamo, le informazioni del cibo che ingeriamo e quelle delle persone con cui siamo in contatto. In effetti, negli antichi templi di Esculapio, si sapeva che l'acqua avrebbe permesso ai pellegrini di eliminare della loro aura molte informazioni residue che non erano personali a loro. Questo, in modo che possano vedere più chiaramente la propria situazione. È come se stessimo volando sopra le nuvole per accedere alla luce e vedere più chiaramente. Finisco il tema dell'acqua aprendo una parentesi sull'idroterapia.

Le acque termale ci fanno del bene con i loro minerali e la loro energia elettromagnetica, ma in più fare dei bagni ogni giorno per un periodo di tempo pulisce l'aura dai residui nocivi per la nostra salute. È perciò che dopo una cura termale ci sentiamo rinnovati e possiamo prendere più facilmente delle buone abitudini. L'effetto dei bagni nelle terme non è solo fisico. L'acqua aiuta anche a chiarire la nostra aura e a vedere più chiaramente nelle nostre vite e nei nostri sogni. Però se subito dopo una cura termale, riprendiamo le nostre cattive abitudini, perdiamo rapidamente il beneficio della cura. Prendere e mantenere delle buone abitudini per uno stile di vita sana è molto importante per sognare bene e per comunicare meglio con il vostro subconscio e ottenere informazioni sul vostro futuro. Ecco le cose più importanti da fare:

B) Evitare gli eccitanti:

Le due tecniche spiegate per vedere il vostro futuro nei sogni saranno ancora più efficaci se vi mettete nelle ottime condizioni fisiche per il funzionamento del cervello affinché possa ricevere e restituire le informazioni comunicate attraverso i sogni.

Più siete calmi, più chiari e precisi saranno i vostri sogni. Siccome gli eccitanti in tutte le loro forme disturbano questa calma, e inducono l'opposto: lo stress, è meglio evitarli. Sognerete molto più efficacemente se rimuovete o riducete notevolmente gli eccitanti: tè, caffè, tabacco, alcol, sale, pepe, carne.

Bere una tisana rilassante prima di andare a dormire è anche ottimo per sognare meglio. Ce ne sono tante. Scegliete quelle di buona qualità sia dalla raccolta in ambienti preservati o dall'agricoltura biologica. Le tisane "industriali insaccate" spesso non sono molto gustose, quindi molte persone dicono che non gradiscono le tisane in generale. Che provino tisane di buona qualità, e cambieranno idea quando vedranno il loro gusto squisito, il loro profumo gradevole e soprattutto la loro efficienza. A me piace molto la tisana di lavanda che spesso prendo prima di andare a dormire. Però prendete piccole quantità di tisana prima di andare a dormire, altrimenti vi dovrete alzare di notte per andare in bagno. Per rilassarmi, uso anche l'olio essenziale di lavanda con un massaggio sulla pancia, perché è in questa zona che più spesso si accumula il mio stress. Tuttavia, come ho spiegato sopra, è essenziale per sognare che questa parte del corpo sia in buone condizioni e rilassata.

Fare sport aiuta anche a migliorare la qualità dei sogni, così come qualsiasi cosa che promuova la microcircolazione e l'ossigenazione del cervello. Quindi, fare passeggiate all'aperto al mare, in un parco o in una foresta vi metterà in condizioni migliori per sognare.

C) Cenate leggermente:

Evitate di sera i pasti che sono troppo pesanti e cenate molto tempo prima di andare a dormire. Ciò renderà ancora più efficaci le due tecniche spiegate. Se il vostro corpo è impegnato a digerire, non ci sarà abbastanza energia disponibile per il vostro cervello, e in questo caso sarà difficile ricordare i sogni.

D) La vostra stanza:

E molto meglio se si dorme in una stanza ben pulita e ventilata. Bisogna evitare di dormire vicino a finestre e specchi, schermi di computer o altre superfici riflettenti. Se ne avete nella stanza, rimuovetele. E se non è possibile, copritele con qualcosa per la notte. Evitate gli apparecchi elettrici vicino alla testa: telefono cellulare, lampada da comodino, sveglia. Se dovete tenerli accesi, metteteli il più lontano possibile dalla vostra testa. L'ideale è ovviamente di scollegare tutte le spine e tutti i dispositivi che sono vicino al letto. Dormirete molto meglio, avrete un migliore recupero e ricorderete più facilmente i vostri sogni. Ci sarebbero ancora molte cose da aggiungere rispetto alla camera da letto, ma questo va oltre lo scopo di questo libro ed è studiato nei dettagli nel mio libro: *"Trucchi per dormire meglio e ritrovare un sonno da sogno"*

4) Non usare le due tecniche nelle seguenti circostanze

A) In viaggio:

Come ho detto prima, tutti siamo circondati da una sfera energetica piena d'informazioni. Scambiamo costantemente informazioni con l'ambiente. Perciò, quando viaggiamo e dormiamo in un hotel, in un letto lasciato da poco da altre persone, è meglio non usare entrambe le tecniche per provare a vedere il vostro futuro nei sogni. Le ragioni principali sono che in primo luogo si ha il novanta per cento di possibilità di sognare informazioni appartenenti alle persone che hanno dormito lì prima di voi; in secondo luogo perché non siete a casa. La casa che è piena delle nostre vibrazioni ci protegge naturalmente degli spiriti malvagi che in certi luoghi possono provare a influenzare i nostri sogni.

In altre parole, le camere d'albergo in cui dormite, e specialmente i letti, sono caricati delle informazioni e dell'energia delle persone precedenti. In queste circostanze è molto difficile sognare dei nostri affari personali, perché il corpo cattura naturalmente tutte le informazioni dei luoghi e le invia al cervello durante la notte sotto forma di sogni. È qualcosa che fa parte del nostro istinto di autoconservazione. Quando arrivate in un hotel, arieggiate bene la stanza e, se possibile, attendete alcuni giorni affinché la propria atmosfera sia nella stanza prima di utilizzare queste tecniche. In generale, i sogni fatti la prima notte in un posto nuovo sono inaffidabili per conoscere il vostro futuro.

B) Circostanze emotive e psicologiche in cui non è consigliabile utilizzare queste tecniche

Se siete in un grande stato di stress o di stanchezza, non utilizzate queste tecniche. Aspettate di recuperare, o chiedete a una persona cara di aiutarvi sognando per voi. Bisogna solo dargli un oggetto che usate spesso e che la persona metterà sotto il cuscino o sul comodino vicino alla sua testa, per esempio una collana, una sciarpa. Allora se voi siete in cattive condizioni, l'altra persona farà una o l'altra tecnica per voi, e così è lei che otterrà informazioni per aiutarvi. Se siete in stati emotivi negativi è uguale. Non usate queste due tecniche quando siete molto arrabbiati, gelosi, invidiosi, depressi, scioccati, disturbati ecc... Aspettate di ritrovare la vostra calma e le vostre buone disposizioni. Se, tuttavia, è urgente per voi di ottenere delle informazioni chiedete aiuto a qualcuno come ho appena spiegato sopra.

Non usate queste tecniche se avete seri problemi psicologici, se siete depressi e prendete antidepressivi. Chiedete aiuto a qualcuno. Non usate queste tecniche se avete una "idea fissa" su ciò che volete ottenere nel vostro futuro. Quando si utilizzano queste tecniche, è necessario essere il più distaccato possibile dal risultato. Altrimenti, la mente agirà da filtro anche nel sogno per lasciare passare solo determinate informazioni. Può persino spingersi fino al punto di creare sogni "falsi" per soddisfare i vostri desideri. I sogni di soddisfazione dei desideri esistono e sono creati dalla mente o da entità parassitarie e non dal subconscio. Questi tipi di sogni non provengono dal profondo di noi stessi, sono i sogni della mente e non possono aiutarci nella nostra esistenza.

Se avete letto attentamente questo libro, ora avete capito come si fa (usando le due tecniche molto semplici spiegate ed evitando ciò che le rende inefficaci) per vedere il vostro futuro nei sogni.

Per terminare, vi darò due esempi concreti di cosa si può fare per migliorare le nostre vite con queste tecniche anche sognando naturalmente come di solito.

Il vostro aereo arriverà a destinazione?

Viviamo in un mondo così pericoloso che molte persone hanno sempre più paura di viaggiare in aereo a causa di possibili incidenti, soprattutto dovuti al terrorismo. Beh, non abbiate più paura. Invece, utilizzate una delle due tecniche per sollecitare il vostro subconscio prima di andare in viaggio. Vi informerà molto rapidamente. In generale, prima di partire per un viaggio in aereo, è importante prestare attenzione ai nostri sogni. Come ho spiegato sopra, siccome ciò che viviamo nella realtà è stato prima preparato nel sogno, prestando attenzione ai vostri sogni, si vedrà se la vostra vita sta per continuare normalmente o no. Se sta per continuare i vostri sogni si proietteranno come di solito nel futuro e vedrete immagini e dettagli dei luoghi in cui state per andare, gente che già conosceste e che vive in questi luoghi o nuove persone che incontrerete. Sognerete di conversazioni e, a volte, di ciò che mangerete, o di particolari architettonici notevoli. Se i vostri sogni vi proiettano normalmente nel vostro futuro, potete viaggiare senza temere nulla. Se, invece iniziate a sognare luci nella parte superiore di un tunnel e l'arrivo di persone defunte da molto tempo che vengono ad accogliervi in un paesaggio verde e luminoso, potrebbe esserci un grosso problema... Ma se lo vedete arrivare, a volte è ancora tempo per evitarlo. Parliamo di un esempio più felice: le nascite.

Un bambino nascerà nella vostra famiglia?

Per chi sogna bene, i sogni annunciano sempre quando un nuovo bambino sta per nascere in una famiglia molto prima che la futura madre sia incinta. Questo fenomeno era ben noto nelle antiche civiltà. Facendo qualche ricerca su Internet, è possibile trovare nei forum alcune testimonianze di donne che dichiarano di aver sognato i propri figli prima di essere incinte. L'autrice di fama mondiale Isabel Allende ha affermato di avere sempre sognato in anticipo la venuta di nuovi bambini e il loro sesso. Poi, più tardi nella sua vita, è stata in grado di usare queste capacità oniriche per vedere i suoi nipoti arrivare nel sogno. Come la maggior parte delle persone che pubblicano testimonianze sui forum, potete aspettare passivamente che il vostro subconscio vi invii informazioni. Ma potete anche usare una qualsiasi delle tecniche che vi ho spiegato per essere informato quando lo desiderate. Il vostro subconscio non mancherà mai di rispondervi.

Troverete pronto un lavoro?

In quest'ambito è molto utile usare i sogni per orientarsi nella carriera e anche per rassicurarsi quando abbiamo bisogno di soldi. In un video pubblicato su *YouTube*, spiego come i sogni mi aiutavano quando ero studentessa e lavoravo come interinale per pagarmi gli studi. Avevo osservato che i miei sogni usavano due principali simboli per farmi capire il mio futuro nell'ambito del lavoro: le scarpe e i cappelli. Le scarpe rappresentavano per me dei lavori poco interessanti che si fanno solo per mangiare. Mentre i cappelli rappresentavano dei lavori più interessanti. E quando perdevo sia il cappello o le scarpe ciò mi avvertiva che la mia missione sarebbe terminata prima del previsto. Il video spiega ancora di più e potete andare a vederlo sul mio sito: www.amancini.com

Supererete un esame?

Quando ero studentessa il mio subconscio usava sempre lo stesso sogno simbolico per farmi capire se non avevo superato l'esame. In questo sogno mi trovavo a passare sempre lo stesso esame che già avevo superato molto tempo prima di andare all'università. Dunque per il mio subconscio sembrava che l'avevo già fatto e quindi uno in più non serviva. Pero poi mi sono allenata per chiedere al mio subconscio il tema dell'esame, ed era molto interessante di vedere come il mio subconscio mi rispondeva. Ma ognuno deve fare i suoi sperimenti e soprattutto imparare la propria lingua dei sogni. Raccomando a tutti di leggere il mio libro: *"Il significato dei sogni"* dove spiego un metodo molto efficace per decifrare il vostro linguaggio onirico.

Conclusione

Con i vostri sogni, create costantemente il vostro futuro. I sogni vi proiettano naturalmente nel vostro futuro, che voi le ricordate o no. Tuttavia, bisogna anche sapere che lo stress può indurre dei sogni catastrofici che fortunatamente non sono dei sogni che ci proiettano nel nostro futuro. I sogni da stress si portano principalmente su ciò che vi è più caro. Per esempio, un giorno una giovane donna mi ha consultato perché era molto preoccupata dal fatto che in sogno vedeva i suoi due bambini morire accidentalmente. Dopo averle fatto qualche domanda, mi sono resa conto che lei era molto nervosa a causa delle sue nuove responsabilità lavorative e che questi sogni erano semplicemente indotti dallo stress.

Allo stesso modo, i commercianti che sono stressati sognano spesso che il loro negozio è stato rapinato. Se a volte avete sogni negativi mentre non siete stressati, non avete paura: a volte servono solo ad avvisarvi. Spesso si può ancora agire nella realtà affinché che ciò che avete visto nei sogni non avvenga.

Nel peggiore dei casi i sogni vi avranno preparato a superare il problema con il minor danno possibile e/o vi avranno fatto sapere che dopo gli ostacoli vi aspetterà un risultato favorevole.

Ad esempio, ho sognato una notte che stavo prendendo a calci con malizia qualcuno che non mi aveva fatto niente. Davo i calci con il mio piede destro. Non capivo perché mi comportavo in questo modo, perché solitamente non è nel mio stile comportarmi così. La notte successiva, ho sognato che stavo andando all'ospedale. Nel sogno, un personaggio sconosciuto mi informo che ci sarebbe rimasta pochissimo tempo e che era necessario per imparare ad avere più compassione per le persone che soffrono fisicamente. Il mattino, non ero contenta di aver fatto questo sogno, e ho pensato subito che poteva riferirsi a un'altra persona che il giorno prima mi aveva parlato dell'ospedale. Ma non era così, annotandolo ho sentito che era per me. Fortunatamente, secondo questo sogno, stavo per passare solo brevemente dalla tappa dell'ospedale. Pochi giorni dopo, mi sono fatto male al piede destro (quello con cui avevo preso una persona a calci nell'altro sogno). Stavo in viaggio all'estero e non potevo più camminare. L'help desk della mia assicurazione mi mando un'ambulanza che mi porto all'ospedale dove finalmente passo solo qualche ora. Però per la guarigione del mio piede, ci è voluto più tempo. Da quel momento, ho preso coscienza dell'incredibile quantità di persone che hanno difficoltà a camminare, sto più attenta a loro e mi è venuto il desiderio di scrivere un libro sui sogni e la salute.

Ci sono certe difficoltà che ci capitano nella vita e che non possiamo evitare perché ci servono per cambiare i nostri atteggiamenti e imparare cose nuove. Però, ci sono molte difficoltà che possiamo evitare se le vediamo in anticipo nei sogni e se facciamo tutto ciò che possiamo affinché non si avverino.

Questo è particolarmente vero nel campo della salute. Siccome le malattie esistono prima al livello energetico, è possibile evitare la loro manifestazione nelle realtà. Quando un disturbo si annuncia in sogno, spesso lo fa molto tempo prima che si realizza nel corpo fisico. Perciò, appena si è sognato un problema di salute in preparazione, spesso basta migliorare l'igiene di vita o eliminare le nostre emozioni negative per cancellare il problema. Secondo me, possiamo farlo nella maggior parte dei casi indipendentemente dalla gravità della malattia che si prepara in anticipo nei sogni.

Se fate dei sogni negativi ripetuti e se non conoscete il proprio linguaggio simbolico, vi consiglio di chiedere aiuto per interpretare i vostri sogni, poiché in questi casi il vostro subconscio ha sempre qualcosa molto importante da comunicarvi. Sappiate che ci sono dei sogni ripetuti che possono sembrare negativi per la vostra mente poiché essa non sa interpretarli correttamente, ma che in effetti sono dei sogni molto positivi.

Ad esempio, sognare la morte si riferisce raramente a una vera morte, ma è soprattutto un sogno positivo che annuncia grandi cambiamenti nella vita reale o nella psiche.

In un momento della mia vita ho fatto una serie di sogni in cui ero sotto terra. La mia mente ne aveva paura perché le interpretava come essere in una tomba. Eppure questi sogni avevano una grande energia di gioia. Ciò che alla fine mi fece capire che erano dei sogni molto positivi e che il mio subconscio mi faceva vedere che io ero come un seme posto in terra e che io stavo crescendo spiritualmente. Ciò che si avverrò nella realtà.

Con le due tecniche spiegate in questo libro sarete in grado di vedere il vostro futuro nei sogni. Naturalmente, trattandosi di due tecniche di base, hanno i loro limiti dovuti al fatto che senza un lavoro preliminare è difficile conoscere il significato dei propri sogni. In più, il subconscio risponde ancora più efficacemente alle nostre richieste, se le poniamo delle domande nella sua lingua. Per conoscere questa lingua, è necessario fare un lavoro personale poiché i dizionari dei sogni non possono aiutarvi. Loro non sono utili perché ogni persona ha un proprio linguaggio onirico che ha bisogna di essere decifrato. Nel mio libro: *Il Significato dei Sogni*", troverete tutte le informazioni per fare questo lavoro. Per coloro che preferiscono imparare dal vivo, organizzo regolarmente corsi di formazione in Italia. È anche possibile allenarsi da remoto via *Skype*. Sul mio sito, troverete tutte le informazioni e potrete inscrivervi sulla mailing list per essere aggiornati: www.amancini.com

Sono molto felice di avere condiviso con voi i frutti della mia ricerca sulla chiaroveggenza dei sogni. Vi auguro di migliorare la vostra vita e di imparare a vedere il vostro futuro grazie ai sogni. Però, ultima cosa da non dimenticare: non è perché si sogna un evento futuro che si deve sedere ed aspettare che si realizza senza fare nulla. Invece, dovete continuare ad agire nella realtà per far si che questo futuro possa realizzarsi. Altrimenti creerete disturbi nel vostro destino. Ecco un esempio personale, in un momento della mia vita in cui avevo dei problemi nella mia casa, ho chiesto al mio subconscio di farmi vedere il modo migliore di sistemare questi problemi. Ed ho sognato che visitavo un nuovo appartamento, che era vuoto tranne un armadio che era stato lasciato nel soggiorno, ho visto il quartiere e un uomo che mi faceva le carte per l'affitto. Pero a Parigi non è facile cambiare casa e il mio sogno si realizzo esattamente, trovai anche l'armadio che avevo visto nel sogno, pero tutto ciò accadde un anno dopo il sogno. Nel frattempo, mi ero dato molto da fare per cambiare alloggio. Dunque anche se vedete il vostro futuro nei sogni datevi sempre da fare per realizzarlo: "Aiutatevi e il vostro subconscio o il cielo vi aiuterà anche!"

A presto per altri libri che vi faranno scoprire tutte le cose eccitanti che si possono fare nei sogni.

Cordialmente,

Anna Mancini

Altri libri in italiano di Anna Mancini

pubblicati da Buenos Books International, Parigi, tutti disponibili su Amazon.it.

Il Significato dei Sogni

I Sogni Possono Salvarvi la Vita

La Chiaroveggenza nei sogni

Trucchi per ricordare i sogni

Trucchi per dormire meglio e ritrovare un sonno da sogno

Maat la dea della Giustizia dell'antico Egitto

Biografia e presentazione del sito Internet di Anna Mancini

Il mio sito internet è dedicato a tutti coloro che vogliono comprendere il vero significato dei loro sogni e che vogliono imparare a sfruttare i poteri del loro subconscio per migliorare tutti gli aspetti della loro vita reale e sviluppare determinate abilità psichiche.

Questo sito non è per chi immagina di poter capire i propri sogni consultando di tanto in tanto un dizionario dei sogni. Inoltre, non è rivolto a persone che sono rinchiuse in convinzioni religiose o scientifiche che non gli consentono di osservare i sogni nel modo più oggettivo possibile e di fare sperimenti nella vita reale per osservarne l'effetto sui sogni.

Sono fortunata di poter ricordare facilmente i miei sogni da sempre e di aver vissuto spontaneamente esperienze speciali nei sogni.

Tuttavia, per molto tempo, non li ho presi sul serio, a causa della mia educazione cartesiana acquisita nelle scuole francesi. Fino al momento in cui le circostanze della mia vita e un sogno molto speciale mi hanno spinta a dedicarmi allo studio del fenomeno onirico e ai suoi legami con la vita reale. Volevo sapere come funziona l'essere umano che sogna.

Avevo allora circa trent'anni, lavoravo come avvocato specializzato in brevetti nell'azienda CMR International a Parigi e avevo finito di scrivere una tesi sul diritto delle invenzioni. Ho lasciato tutto e ho iniziato a studiare i sogni nella solitudine.

Ora, ho un'esperienza di più di vent'anni basata su osservazioni neutre, cioè senza pregiudizi religiosi o scientifici, senza superstizioni, senza approccio New Age e quindi piuttosto fuori dai sentieri battuti. Questa esperienza mi consente di aiutare la gente e soprattutto di insegnare, a tutti coloro che vogliono svilupparsi, delle tecniche semplici, facili da implementare e sicure per sfruttare al meglio il potere del loro inconscio, per migliorare la loro vita reale e per crescere.

All'inizio della mia ricerca, ho semplicemente osservato i collegamenti tra i miei sogni e la mia realtà e ho fatto esperimenti per osservare il loro impatto sul contenuto dei miei sogni e viceversa. Poi nel 1995 ho creato l'associazione *Innovative You* a Parigi, un'associazione di ricerca in cui ho condiviso con altri ciò che avevo imparato ed esplorato.

Tutte queste ricerche hanno dato risultati molto diversi da quelli che possono essere ottenuti attraverso un approccio psicoanalitico o attraverso una visione New Age, religiosa o totalmente scientifica dei sogni. Lì, non possiamo nemmeno parlare di conoscenza "scientifica", perché per adesso, la scienza non ha mezzi tecnici per esplorare questo mondo. È obbligata a limitarsi all'essere umano materiale, vale a dire solo al corpo umano e allo studio del sonno e dei suoi cicli.

Tuttavia, quando studiamo il sogno come ho fatto io, ci troviamo rapidamente di fronte alla scoperta di ciò che ho chiamato il nostro "doppio"; cioè la nostra energia, la nostra dimensione immateriale, il vero essere umano che vive all'interno del nostro corpo materiale e la cui capacità di esprimersi è in gran parte bloccata dalla formattazione razionale del nostro cervello. Ma questo è un argomento molto ampio di cui parlo in un video sul doppio che pubblicherò prossimamente su You Tube. (Iscriviti alla mailing list per essere informato sulla sua pubblicazione).

Per comprendere i sogni non ci si può accontentare di studiarne solo la storia. Bisogna osservare molto di più. Dobbiamo prendere in considerazione la totalità dell'essere umano che sogna, l'ambiente in cui ha vissuto la sua giornata e dove ha dormito, le sue interazioni con altre persone durante il giorno, il suo stile di vita ecc ....

Per quanto ne sappia, nessun ha condotto una ricerca tanto completa quanto la mia, altrettanto efficace e utile per tutti i tipi di persone e in tutti i settori, compresa la ricerca scientifica. Questa ricerca aiuta a spiegare molte cose su come funzionano gli esseri umani e come comunicano quando dormono. Rende anche possibile capire molto di più sulle antiche civiltà come l'Egitto o l'antica Roma.

Tutto ciò che insegno, anche quello che a prima vista può sembrare straordinario, paranormale o incredibile, può essere controllato personalmente da tutti. Non c'è bisogno di credermi o di credere a qualcosa, basta solo sperimentare e osservare in un certo modo. Tutti possono controllare tutto ciò che dico, perché nei miei libri do tutte le chiavi per farlo e potersi sviluppare in modo indipendente. Imparando ad osservare i legami tra i tuoi sogni e la tua realtà e grazie alle mie tecniche, sarai in grado di sfruttare al massimo il tempo che trascorri a dormire. Questo non sarà affatto tempo perso, al contrario. Come spiego nei miei libri, e nelle mie conferenze sarai in grado di fare molte cose con i tuoi sogni una volta che avrai ricostruito il collegamento tra i tuoi sogni e la tua realtà. Ad esempio, è possibile utilizzare le tecniche che insegno

- per essere informato dei pericoli di tutti i tipi (umani: assalti in preparazione, attentati terroristi, o naturali: terremoti, alluvioni, valanghe ecc.);
- per trovare oggetti smarriti;
- per gestire al meglio la tua salute fisica, psicologica ed energetica, ed evitare la depressione e le dipendenze ;
- per ottenere idee creative, per inventare;
- per avere successo negli studi e per imparare più velocemente le lingue straniere;
- per placare i conflitti;
- per vivere meglio la tua vita sentimentale e sessuale;
- per sviluppare naturalmente le capacità psichiche generalmente considerate; paranormale: la chiaroveggenza, la telepatia, la comunicazione con i bambini non ancora nati;
- per sognare prima di andare in viaggio i luoghi che visiterai e le persone che incontrerai;
- per risolvere i tuoi problemi qualunque essi siano;
- per sapere prima di prendere l'aereo se arriverai

sano alla tua destinazione;
- per trovare ispirazione;
- Per evolverti spiritualmente, libero di qualsiasi dogma;
- Per sviluppare un certo tipo di lucidità onirica superiore alla lucidità attualmente in voga;
- per comunicare con i tuoi animali domestici e persino con le tue piante.

L'elenco di ciò che possiamo fare è infinito perché quando dormiamo le nostre capacità sono infinite, mentre nello stato di veglia abbiamo solo delle capacità molto limitate, quelle della nostra mente cosciente. Comprendere il significato dei tuoi sogni è la chiave che ti aprirà le porte agli infiniti poteri del tuo subconscio, perché non solo capirai cosa ti stanno dicendo i sogni, ma parlerai anche la loro lingua. Conoscere la tua propria lingua onirica è un modo straordinariamente efficace per comunicare con il tuo subconscio e con il tuo superconscio.

Per questo, i dizionari dei sogni non saranno di alcuna utilità. Bisogna fare un piccolo lavoro personale di osservazione e alcuni esperimenti. Nel mio libro: "*Il significato dei sogni*", spiego come farlo efficacemente. Naturalmente, partecipare a una formazione è ancora più efficace della lettura di un libro ed è per questo che organizzo regolarmente delle formazioni. (Per essere informato, puoi iscriverti alla mia mailing list). Mi piace condividere ciò che ho imparato sui sogni ed è una grande gioia per me vedere che i miei studenti hanno aperto la porta dei loro sogni e hanno acquisito la loro autonomia per comprenderne il significato preciso, ciò che gli consente di comunicare in modo efficace con il loro subconscio e di vivere molto meglio tutti gli aspetti della loro vita reale. Per me questo è molto più importante che interpretare i sogni di persone che diventano dipendenti dalle mie capacità. Ero solita fare programmi radiofonici in Francia per interpretare i sogni degli ascoltatori, ma per il momento ho deciso di interrompere questa attività, e di dedicare il mio tempo a coloro che vogliono fare un lavoro sui sogni per crescere e diventare autonomi. Ora interpreto i sogni degli altri, ma solo in casi gravi e speciali, quando c'è un'urgenza o per aiutare i bambini. Ci vuole un tempo variabile di allenamento con le mie tecniche per potere capire efficacemente i sogni. Il tempo necessario varia in base al punto di partenza dello studente. Tutti possono imparare l'arte di sognare, anche le persone che pensano di non sognare e anche quelli che hanno problemi a dormire. Basta iniziare dal proprio livello. Chiunque pensa* di non poter sognare o che ricorda i propri sogni solo quando sono incubi, può trarre grandi benefici dalla lettura del libro che ho scritto per loro: "*Trucchi per ricordare i sogni.*"

Tutti quelli che hanno problemi di insonnia e hanno già provato tutto ciò che generalmente si consiglia e che non vogliono cadere nella dipendenza alle medicine, possono leggere con profitto il libro che ho scritto per loro: "*Trucchi per dormire meglio e ritrovare un sonno da sogno*". Questo libro apre altri orizzonti di comprensione e di sollievo dai problemi di insonnia. Consiglio anche a loro di leggere il libro di Laure Goldbright: "*Testimonianza sui benefici dell'igiene intestinale*" Poiché lo stato dell'apparato digerente influenza notevolmente la qualità del nostro sonno ed è la causa di molti disturbi del sonno.

Chi già sogna bene e di solito ricorda bene i propri sogni ma non ne capisce il significato leggerà prima con profitto il libro: "*Il significato dei sogni.*"

Altri libri più specializzati sulle tecniche oniriche sono rivolti in particolare:

-agli inventori, ricercatori e scienziati: "*Comment naissent les inventions*" (Come nascono le invenzioni) e "*Créativité scientifique*" (Sogni e creatività scientifica); (traduzione in corso)

-agli archeologi e agli storici:" *Comment percer les secrets, les énigmes et les mystères de l'ancienne Egypte et d'autres anciennes civilisations*" (come scoprire i segreti, gli enigmi e i misteri dell'antico Egitto e di altre antiche civiltà.) (traduzione in corso)

Per le persone che desiderano sviluppare i loro talenti "paranormali" per conoscere il loro futuro, ho scritto: "*La Chiaroveggenza nei sogni.*"

È in preparazione un libro sui sogni e sulla salute. Nel frattempo, se hai problemi di salute, il libro "*Il significato dei sogni*" che tratta anche questo argomento potrebbe aiutarti.

Inoltre, a causa dell'accelerazione del numero di disastri naturali e dell'aumento del terrorismo, sono propensa a diffondere l'idea che sia possibile, grazie ai sogni, di essere avvertiti di questi pericoli e di salvare la nostra vita e quella dei nostri cari. Perciò, ho scritto: "*I sogni possono salvarvi la vita*". Consiglio a tutti coloro che possono creare, nella loro città, il loro villaggio, il loro quartiere, la loro comunità o la loro azienda un gruppo di veglia onirica. Troverete tutte le spiegazioni nel libro per fare funzionare efficacemente questo gruppo.

Informazioni pratiche:

Dove trovare i miei libri stampati: Tutti i miei libri stampati sono stati pubblicati dalla casa editrice parigina Buenos Books International (www.buenosbooks.fr) e sono tutti disponibili su Amazon.it

Dove trovare i miei eBook: puoi anche trovare le versioni elettroniche dei miei libri su iBookstore di Apple, Amazon Kindle e Google Play.

Come fissare un appuntamento per una consulenza individuale? Per fare questo, basta utilizzare il modulo di contatto in modo che possiamo fissare un appuntamento a Parigi o online tramite Skype.

Come essere informato sui prossimi seminari ed eventi e sulla pubblicazione di nuovi libri e video? Per ricevere queste informazioni ed essere informato delle promozioni sui miei e-book, iscriviti alla mailing list con il modulo del sito. Il tuo indirizzo sarà usato solo per questo scopo e non sarai mai bombardato da messaggi!

Indice

www.ingramcontent.com/pod-product-compliance
Lightning Source LLC
La Vergne TN
LVHW051647080426
835511LV00016B/2547